Inhalt

20 Jahre Aufbau Ost - die guten Nachrichten überwiegen

Kernthesen

Beitrag

Fallbeispiele

Weiterführende Literatur

Impressum

20 Jahre Aufbau Ost - die guten Nachrichten überwiegen

R.Reuter

Kernthesen

- Die ostdeutsche Wirtschaft hat seit 1991 mit Hilfe westdeutscher Transfergelder eine beispiellose Entwicklung genommen.
- Die Unternehmen machen sich zunehmend unabhängig von Transfergeldern, stehen aber noch nicht ganz auf eigenen Füßen.
- Die erhöhte Arbeitslosigkeit ist weiterhin das Hauptproblem.

Beitrag

Auferstanden aus Ruinen

Der Zustand der DDR-Wirtschaft vor 20 Jahren war verheerend. Die Infrastruktur war verbraucht, die Betriebe veraltet. Um die Produktion aufrechtzuerhalten, war auf die Umwelt kaum Rücksicht genommen worden, was zu immensen Schäden an der Natur führte. Sogar das Politbüro kam zur Einsicht, dass das Land ohne Hilfe aus dem Westen wirtschaftlich nur noch weiter existieren könnte, wenn der Lebensstandard um 30 Prozent reduziert würde. (1)

Infrastruktur und Städte in neuem Glanz

Insbesondere ausländische Beobachter zollen dem seit 1990 in Gang gekommenen Aufbau Ost Anerkennung. So käme es einem Wunder gleich, wie es in den neuen Bundesländern aussehe - was insbesondere die Infrastruktur und den Zustand von Bauten und Häusern betreffe. Tatsächlich sind die Straßen in den fünf Ländern vielerorts besser in Schuss als in der alten Bundesrepublik. Auch die häufig unwirtlichen und verfallenen Innenstädte blühen heute in neuem Glanz, wofür insbesondere die wieder aufgebaute Dresdner Frauenkirche und der um sie herum entstandene Platz ein Beispiel geben. Die versprochenen "blühenden Landschaften" sind damit zumindest äußerlich wahr geworden. (1)

Kritik an der Privatisierung

In der Kritik steht indessen die Privatisierungspraxis der Treuhandanstalt in den Jahren nach der Wende. Viele Betriebe wurden geschlossen oder gerieten in die Hände solcher Investoren, die sich ausschließlich Fördergelder sichern wollten. Durch die Vereinigungskriminalität sind dem Staatshaushalt viele Millionen D-Mark an Schaden entstanden. Andere Experten sind allerdings der Ansicht, dass die Schließung der meisten Betriebe ohne Alternative war, da sie in einem freien Markt prinzipiell keine Zukunft hatten. Dies sei auch von der Treuhand und von der Politik so nicht abzusehen gewesen: 600 Milliarden D-Mark sollte die Privatisierung der DDR-Wirtschaft einbringen, tatsächlich stand die Treuhand am Ende mit einem Minus von 204 Milliarden Euro da. (1), (2)

Die Wirtschaft hinkt immer noch hinterher

Die ostdeutsche Wirtschaft hingegen hat noch immer

nicht mit der im Westen gleichziehen können. Die seit 1990 betriebene, schnelle Angleichung an das Lohnniveau in der alten Bundesrepublik ist zwar bis heute nicht erreicht worden, hat aber dennoch dazu geführt, dass die ostdeutschen Betriebe weniger konkurrenzfähig sind. Zudem führte die politische Entscheidung, die Löhne eins zu eins in D-Mark zu tauschen, in den ersten Nachwendejahren zum fast vollständigen Zusammenbruch der ostdeutschen Industrie. Die Kosten lagen schlagartig auf Westniveau, während die Produktivität nur zwei Drittel der westlichen Firmen erreichte. Auch für Investoren war die schnelle Einführung der D-Mark und die Angleichung der Löhne an das Niveau der Bundesrepublik ein Hemmnis, das für Zurückhaltung sorgte. Bis heute leiden die Regionen überdies unter der Abwanderung qualifizierter Arbeitskräfte. Kritiker bemängeln, dass keine einzige Zentrale der großen Konzerne im Osten angesiedelt ist. Überdies sind ostdeutsche Manager bis heute kaum in Vorständen und Betriebsräten großer Dax-Konzerne vertreten. (1), (2), (3)

Viel teurer als gedacht

Als falsch hat sich die Aussicht erwiesen, den Aufbau Ost ohne Steuererhöhungen schultern zu können. 2,1 Billionen Euro haben die Sanierung der maroden

DDR-Wirtschaft und die Einbeziehung der Ostdeutschen in die Sozialsysteme der Bundesrepublik bis Ende 2010 gekostet. Rund 400 Milliarden Euro sind freilich als Steuern und Sozialbeiträge auch wieder zurückgeflossen, sodass sich die Rechnung auf netto rund 1,7 Billionen Euro beläuft. Durch die gewaltigen Zahlungen sind die Staatsschulden und die Belastungen für die Sozialkassen deutlich angestiegen, was zu höheren Steuern, Gebühren und Sozialabgaben geführt hat. Trotz der Billionenausgaben steht Deutschland heute jedoch immer noch solider da als seine Nachbarn. Zwar haben sich die Staatsschulden in den vergangenen 20 Jahren von knapp 500 auf fast 1 700 Milliarden Euro verdreifacht. Im kleineren Frankreich jedoch vervierfachten sich die Schulden sogar, nämlich von 400 auf ebenfalls fast 1 700 Milliarden Euro. Der Schuldenstand ist in beiden Ländern damit gleich hoch, obwohl Frankreich keine Wiedervereinigung stemmen musste. (1), (2)

Stark verbesserte Lebensverhältnisse

Die Lebensverhältnisse im Osten entsprechen noch immer nicht denen im Westen, haben sich aber stark verbessert. So verdreifachte sich das Bruttoinlandsprodukt (BIP) je Arbeitnehmer in den neuen Bundesländern von 16 000 Euro im Jahr 1991 auf 49 000 Euro 2009. Zum Vergleich: Im Westen stieg das BIP pro Kopf von gut 45 000 auf 62 000 Euro. War die Wirtschaftsleistung je Erwerbstätigen also kurz nach der Wende im Westen noch 2,8-mal so hoch wie im Osten, so ist sie jetzt nur noch 1,3-mal so hoch. Der durchschnittliche Stundenlohn stieg im Osten von 10,02 auf 21,57 Euro, im Westen von 18,19 auf 27,13 Euro. Ein Arbeitnehmer im Osten verdient damit durchschnittlich 76,5 Prozent des Lohnes seines Kollegen im Westen. Das Lohngefälle geht jedoch nicht mehr auf unterschiedliche Tarifvereinbarungen zurück, sondern resultiert aus der Situation der Unternehmen selbst. Höher liegt dafür die Durchschnittsrente im Osten: Sie betrug 2008 über 800 Euro, während sie im Westen bei nur 698 Euro lag. (1), (2), (7)

Boom nach der Wende

Anfangs legte die ostdeutsche Wirtschaft mit großen Schritten zu. Infolge der massiven Investitionen in den Straßenbau, in die Modernisierung von Kläranlagen und die Errichtung eines funktionierenden Telefonnetzes hatten die Firmen eine Vielzahl von Aufträgen zu erledigen. Zudem sorgten Steueranreize dafür, dass die Gebäude großflächig saniert wurden. Seit Mitte der 90er Jahre wächst die Ostwirtschaft jedoch nur noch langsam, der Rückstand zum Westen verringert sich kaum noch. (1), (2)

Hohe Arbeitslosigkeit bleibt Hauptproblem

Eine Studie des Dresdner Ifo-Instituts kommt zu dem Ergebnis, dass sich die ostdeutsche Wirtschaft von Transferleistungen immer unabhängiger macht und damit zunehmend auf eigenen Beinen steht. Zwar liege die Nachfrage der Ostdeutschen weiterhin über dem selbst erwirtschafteten Einkommen, doch habe sich der sogenannte Verbrauchsüberhang von 172 Prozent im Jahr 1991 bis 2007 auf 110 Prozent des BIP verringert. Dennoch müsse der Ostwirtschaft damit attestiert werden, dass sie nicht selbsttragend arbeite. Die Experten gehen davon aus, dass sich dieser Produktivitätsrückstand auch nicht mehr aufholen lässt, da der Osten ländlicher strukturiert und hochproduktive Industriebereiche selten seien. Damit fehlten auch die gut bezahlten Arbeitsplätze, was dazu führe, dass es zu viele Döner-Imbisse und kaum Juweliere gebe. Das große Problem bleibe mithin die hohe Arbeitslosenquote, die 2009 bei 14,5 Prozent lag. Dies waren sogar 4,3 Prozentpunkte mehr als 1991. In Deutschland insgesamt liegt die Arbeitslosenquote derzeit bei 7,6 Prozent und damit deutlich niedriger.

(3), (4), (7)

Geglückte Re-Industrialisierung

Vielerorts verfügt der Osten heute über hochmoderne Fabrikanlagen. Vor allem in Thüringen, Sachsen und im südlichen Sachsen-Anhalt haben sich innovative Unternehmen etabliert, die erfolgreich wirtschaften. So hat sich in Dresden die Chipindustrie angesiedelt, während Jena zu einem Standort für die optische Industrie geworden ist. In Chemnitz haben sich Firmen aus dem Spezialmaschinenbau angesiedelt, in Thüringen ist die Solarindustrie besonders stark aufgestellt. Immer mehr Firmen aus dem Osten erobern die Weltmärkte und werden zu Marktführern. (4), (5), (6)

Trends

Jena rechnet mit Zustrom von Hochqualifizierten

Die thüringische Stadt Jena wird derzeit als Boommetropole gefeiert. Die Stadt fördert Traditionsunternehmen wie Carl Zeiss Jena genauso wie ihre Universität. Ein Viertel der 100 000 Einwohner sind Studenten. Neu angesiedelt haben sich neben der optischen Industrie insbesondere Biotech-Unternehmen und Forschungsinstitute. Jena bietet damit gute Job-Perspektiven und eine gute Lebensqualität. Bis 2018 kann die Stadt Forschungen zufolge mit einem kräftigen Zustrom von einkommensstarken und hochqualifizierten Arbeitskräften rechnen. (3)

Fallbeispiele

Verringerter Produktionsabstand

Das Institut für Wirtschaftsforschung in Halle (IWH) geht davon aus, dass die ostdeutsche Wirtschaft im dritten Quartal ihren Produktionsabstand zum Vorkrisenniveau weiter verringern wird. Dafür spreche die erneute Verbesserung des Geschäftsklimas in Industrie und Baugewerbe. (8)

Weiterführende Literatur

(1) Allem voran die Freiheit
aus Neue Zürcher Zeitung 02.10.2010, Nr. 229, S. 1

(2) Teure Landschaften
aus Handelsblatt Nr. 190 vom 01.10.2010 Seite 1

(3) Aufholjagd mit großen Schritten Studie: In den vergangenen 20 Jahren hat sich die ostdeutsche Wirtschaft gut entwickelt - Arbeitslosigkeit bleibt Hauptproblem
aus DIE WELT, 16.09.2010, Nr. 216, S. 10

(4) "Die Reindustrialisierung des Ostens ist geglückt"
aus Frankfurter Allgemeine Zeitung, 02.10.2010, Nr. 229, S. 15

(5) Der Preis der Einheit
aus Schweriner Volkszeitung vom 01.10.2010, S. 6

(6) Exportmacht Ostdeutschland Die Wiedervereinigung war besonders für die alten Bundesländer ein teures Experiment. Doch die Transferzahlungen haben sich gelohnt - die gesamtdeutsche Wirtschaft ist heute stärker denn je
aus Financial Times Deutschland vom 30.09.2010, Seite 24

(7) "Die Annäherung geht voran"
aus Süddeutsche Zeitung, 30.09.2010, Ausgabe Deutschland, S. 18

(8) BERLIN.Die ostdeutsche Wirtschaft dürfte im dritten Quartal ihren Produktionsabstand...
aus Thüringer Allgemeine vom 10.09.10 Seite

Impressum

20 Jahre Aufbau Ost - die guten Nachrichten überwiegen

Bibliografische Information der deutschen Nationalbibliothek

Die Deutsche Nationalbibliothek verzeichnet diese Publikation in der deutschen Nationalbibliografie; detaillierte bibliografische Daten sind im Internet über http://dnb.d-nb.de abrufbar.

ISBN: 978-3-7379-1670-7

© 2015 GBI-Genios Deutsche Wirtschaftsdatenbank GmbH, Freischützstraße 96, 81927 München, www.genios.de

Alle Rechte vorbehalten. Dieses Werk ist einschließlich aller seiner Teile – z.B. Texte, Tabellen und Grafiken - urheberrechtlich geschützt. Jede Verwertung außerhalb der Grenzen des Urheberrechtsgesetzes bedarf der vorherigen Zustimmung des Verlags. Dies gilt insbesondere auch für auszugsweise Nachdrucke, fotomechanische Vervielfältigungen (Fotokopie/Mikroskopie), Übersetzungen, Auswertungen durch Datenbanken oder ähnliche Einrichtungen und die Einspeicherung und Verarbeitung in elektronischen Systemen.